Warum hat der Bagger Maulwurf-Pfoten?

Wie kommt die Klette
an den Schuh?

Wie impft man Schiffe
gegen Pocken?

Wer bleibt immer sauber?

Was ist stärker
als Stahl?

Warum stehen Fische
nicht im Stau?

Wie repariert die Natur einen Platten?

Was haben Tukanschnäbel
und Autos gemeinsam?

Wie wird die Palme zum Fächer?

Was macht die Eierschale
bei den Erdbeeren?

Impressum

Aus der Reihe „Was Kinder wissen wollen“
Velber Verlag

Titelfoto: istockphoto /StephanHoerold
Illustrationen: Detlef Kersten

Fotos: Daimler AG (9, 41), Continental AG 2010 (13), wahlepower (17), Markus Geisen/AWI (19), Photodisc (21), wikipedia / U.S. Air Force (23), Bionik-Innovations-Centrum (31), adidas / Helge Meeuw (31), Anish Tuteja (33)
istockphoto: aalexx (11), Pezzetto13 (15), design56 (15), BrettAtkins (17), doescher (17), ABDESIGN (21), StephanHoerold (25), johnaudrey (25), mcsilvey (27), Tramper2 (27), Chuskin (29), DonNichols (29), Njnightsky (29, 29), Stedenmi (33), egdidital (37), dalton00 (39), dblight (45), indianeye(45)
fotolia: Jakub Niezabitowski (7), mark ledder (7), Trevg (7), Georgiy Pashin (7), Panimo (11), Mr Flibble (13), Markus Koller (15), Crumpler (23), Susann Weiss (25), Mirko Meier (27), Pawel Strykowski (35), Airmaria (37), Eve (39), EDEN (39), Angela Köhler (41), Martina Stumpp (43), AlcelVision (43), Olga Gromova (43), www.1000tdw.com (45)
pixelio: Barbara-Thomas (17), Thost (35)

Text und Redaktion: Ulrike Berger
Layout: Anja Schmidt
Repro: Meyle+Müller, Pforzheim
Druck: Himmer AG, Augsburg

ISBN 978-3-8411-0000-9

Wie klebt der Gecko ohne Klebstoff?

Verblüffende Techniken aus Erfindungen der Natur

Velber
kinderbuch

Was bringen Flossen an den Füßen?

Mit Schwimmflossen an den Füßen schwimmst du gleich viel schneller. Am Ufer läufst du mit den Plastikteilen zwar sehr tollpatschig, aber sobald du im Wasser bist, paddelst du allen davon.

Das Vorbild aus der Natur sind die Schwimmhäute von Fröschen und Wasservögeln. Zwischen den Fingerknochen und Fußknochen dieser Tiere spannt sich eine feste Haut. Damit können sie viel schneller schwimmen. Aber auch bei Enten gilt: Am Ufer watscheln sie schwerfällig. Für einen Fußmarsch sind ihre Schwimmfüße nicht gedacht.

Welcher Fisch schwimmt auf der Straße?

Welcher Fisch schwimmt am schnellsten? Der Fächerfisch! Mit einer Geschwindigkeit wie ein Auto auf der Autobahn schießt der schlanke Fisch durchs Wasser. Dennoch ist ihm ein plump aussehender Fisch in vielem überlegen: Der Kofferfisch ist zwar kantig, dennoch fließt das Wasser ganz schnell an ihm vorbei. So braucht er wenig Kraft beim Schwimmen. Er wird nicht so schnell wie der Fächerfisch, dafür kann er aber viel schneller die Richtung wechseln. Außerdem ist der Kofferfisch mit seinen vielen kleinen Knochenplatten außen auf der Haut gut geschützt.

Wissenschaftler haben den kleinen Kerl untersucht, als sie sich auf die Suche nach der idealen Form für ein Auto machten. Sie haben die Kofferfisch-Form kopiert und ein Auto gebaut, das ihm ähnlich sieht. Das Ergebnis: Das Kofferfisch-Auto. Es ist leicht, dennoch ausgesprochen stabil und braucht durch seine Form viel weniger Benzin als herkömmliche Autos! Noch ist es nur ein Test, aber vielleicht fahren demnächst die ersten Fisch-Autos über unsere Straßen?

Die kantigen Koffer-
fische leben vor
allem in tropischen
Korallenriffen.

Wer hat einen Superkleber?

Warst du schon mal an der Meeresküste und hast versucht, Miesmuscheln vom Grund abzulösen? Das ist nahezu unmöglich. Denn die kleinen schwarzen Muscheln kleben superfest. Sie haften auf Metall, Holz oder Glas und halten selbst der stürmischsten Brandung stand. Den Kleber scheiden die Muscheln aus einer Drüse am Fuß aus.
Forscher untersuchen diesen Muschelkleber ganz genau. Nicht nur die Tatsache, dass er so fest klebt, macht ihn interessant. Er härtet auch im Wasser aus und bleibt zudem elastisch!
Das schafft bisher kein künstlicher Klebstoff.

Stell dir mal vor, was man mit so einem biologischen Feuchtklebstoff machen könnte:
Im Mund ließen sich Ersatzzähne ganz leicht festkleben. Man könnte Wunden einfach zusammenkleben, Nähen wäre nicht mehr nötig. So elastisch, wie der Kleber ist, gäbe es kaum eine Narbe. Sogar im Köperinneren könnte man damit kleben – Risse in Organen wären viel leichter zu heilen. Kein Wunder, dass vor allem die Medizin an einem Muschelkleber interessiert ist!

Miesmuscheln verankern sich mit Klebefäden an Steinen oder Pfählen.

Wie bremst eine Katze?

Mit einer Geschwindigkeit von bis zu 50 Kilometern in der Stunde jagen Katzen Mäusen hinterher. Trotz des hohen Tempos können sie blitzschnell abbremsen und auf der Stelle stehen bleiben. Autos dagegen haben immer einen Bremsweg: Sie rutschen beim Bremsen noch weiter. Und das ist gefährlich!

Das Geheimnis liegt in den Katzenpfoten. Während des schnellen Laufens verkleinern sich die Ballen der Katzenpfote. Katzen treten so mit einer ganz kleinen Fläche auf. Das ermöglicht ein hohes Tempo. Muss die Katze abrupt stehen bleiben, verbreitert sich die weiche Katzenpfote. Das bremst ganz schnell ab.

Der Reifenindustrie gefällt diese Idee. Sie hat einen Reifen gebaut, der Sprit spart und zugleich sicher bremst. Bei schnellen Fahrten ist der Reifen schmal. Beim Bremsen wird der Reifen breiter und drückt daher mehr Gummi auf die Straße. So sorgt der Reifen dafür, dass das Auto besser abbremst und das Autofahren sicherer wird!

Autoreifen werden beim Bremsen breiter – wie die Pfoten von Katzen!

Wo saugen sich Saugnäpfe fest?

Wer einmal darauf achtet, entdeckt sie überall: Unser Alltag ist voll mit Saugnäpfen. In der Küche hängen die Topflappen an Saugnäpfen, im Bad sind die Rutschmatten in der Dusche damit befestigt. Unter dem Waschbecken steht ein großer Saugnapf, mit dem sich das verstopfte Abflussrohr reinigen lässt. Und der Joystick der Spielkonsole, an dem man ruckartig ziehen kann, klebt mit Saugnäpfen am Tisch fest.
In der Industrie gibt es sogar Riesensaugnäpfe, die einen Durchmesser von einem halben Meter haben! Das ist so lange wie der Arm eines Erwachsenen.

Auch die Natur ist voll mit Saugnäpfen. Bei einem Wasserkäfer zum Beispiel saugen sich die Männchen mit ihren Füßen an die Panzer der Weibchen. Im Meer hängen sich manche Fische mit einer Saugplatte an größere Tiere und lassen sich von ihnen ziehen.
Kraken besitzen sogar Hunderte von Saugnäpfen an jedem Arm! Das Geniale ist: Kraken können jeden einzelnen Saugnapf ganz gezielt festsaugen. Auch die Größe dieser Saugnäpfe kann enorm sein: Beim Riesenkalmar werden sie bis zu 24 Zentimeter groß – so groß wie dieses Buch.

Alle Kraken haben acht Arme. Der pazifische Riesenkrake hat 280 Saugnäpfe an jedem Arm!

Welches Vorbild haben Windräder?

Buckelwale sind nicht nur die besten Sänger der Tiefsee, sie bewegen sich auch klasse unter Wasser. Die riesigen Säuger schwimmen überraschend wendig durch die Weltmeere. Wie schaffen sie das? Das Geheimnis liegt in ihren Flossen, genauer an der Außenkante der Flossen. Schau mal die Fotos genau an. Siehst du die Knubbel an den Kanten der Flossen? Forscher nennen solche Knubbel „Tuberkel". Sie haben Rotoren von Windrädern mit Knubbeln gebaut und im Windkanal getestet.

Das überraschende Ergebnis ist: Die neuen Rotoren haben einen deutlich geringeren Luftwiderstand als andere Rotoren! Grund dafür sind wirklich die Knubbel an den Flügelkanten.

Nun wollen die Hersteller von Windrädern überall solche Buckelwal-Rotoren haben. Dann kann viel mehr Energie aus dem Wind in Strom umgesetzt werden. Mehr Strom durch Buckelwale – wer hätte das gedacht?

Das ist der Flügel eines Windrads.

Wo drehen sich Algen im Kreis?

Hast du schon mal etwas von Kieselalgen gehört? Diese winzigen schwimmenden Strahlentierchen sind bemerkenswert. Sie sind unglaublich stabil gebaut. Und unter dem Mikroskop siehst du, wie schön sie sind. Es gibt sie in verschiedenen Formen. Allen gemeinsam ist jedoch ein feines, streng regelmäßiges Skelett. Es ist, als ob die Natur es mit Zirkel und Lineal gebaut hätte! Forscher am Alfred-Wegener-Institut für Polar- und Meeresforschung in Bremerhaven haben die Tierchen genauer untersucht. Der Trick dieser kleinen Meeresbewohner: absolute Leichtbauweise und dennoch stabile.

Was liegt da näher, als das nachzumachen? Wieder einmal waren vor allem Autobauer an dieser Alge interessiert. Und sie haben Räder für Autos gebaut, die einer solche Kieselalge gleichen. Diese Felgen sind ultraleicht, höchst belastbar – und in perfekter Schönheit.

Kieselalgen sind winzige
Einzeller. Die meisten
leben im Meer,
manche auch
im Süßwasser.

Wer leuchtet mit kaltem Licht?

Stell dir vor, du hältst ein Glühwürmchen in der Hand. Meinst du, du würdest dich verbrennen? Nein, denn das ist bei Glühwürmchen nicht möglich! Die kleinen Tierchen, die genau genommen Käfer sind, bleiben beim Leuchten kalt. Denn sie setzen fast alle Kraft direkt in Licht um! Techniker beneiden Glühwürmchen: Kaum etwas wird bei den Würmchen als Wärme abgestrahlt.

Glühbirnen leuchten anders. Bei den alten Glühbirnen wird fast aller Strom zu Wärme. Nur ein kleiner Teil wird Licht. Kein Wunder, dass du dir an solchen Glühbirnen die Finger verbrennen konntest!

Energiesparlampen sind ein bisschen besser. Sie wandeln schon deutlich mehr Strom in Licht um. Daher sind sie nicht mehr ganz so heiß. Aber dennoch: So genial wie Leuchtkäfer und Glühwürmchen sind unsere Glühbirnen längst nicht. Da muss noch viel geforscht werden.

Leuchtkäfer, auch Glühwürmchen genannt, senden Licht aus. So finden sich männliche und weibliche Tiere.

Was lernen Flugzeugbauer von Greifvögeln?

Menschen träumen schon seit Urzeiten davon, fliegen zu können. Für alle Fluggeräte, die sie entwickelt haben, waren Vögel die Vorbilder. Auch heute suchen Ingenieure bei Vögeln nach Lösungen, wenn sie Flugzeuge noch besser bauen wollen. Ein großes Problem bei Flugzeugen sind zum Beispiel die Luftwirbel an den Spitzen der Tragflächen. Diese Wirbel entstehen besonders beim Start und bei der Landung. Sie machen das Flugzeug in diesen Momenten wackelig und vergrößern den Treibstoffverbrauch. Wie lassen sich diese Wirbel verkleinern?

Auch bei Vögeln treten diese Wirbel auf. Aber Greifvögel und andere Vögel, die weit gleiten, können diese Wirbel klein halten. Ihre Flügel enden an der Spitze in einzelnen großen Schwungfedern, die leicht aufrecht stehen. Diese verhindern, dass sich Luftwirbel bilden. Daher können die Vögel ohne großen Energieaufwand durch die Luft gleiten. Die Handschwingen bezeichnet man als Winglets: „Flügelchen".
Baut man solche Winglets auch an die Enden von Flugzeugtragflächen, so bilden sich kleinere Wirbel. Das Flugzeug gleitet stabiler und braucht weniger Treibstoff!

Im Gleitflug verbrauchen große Greifvögel nur ganz wenig Kraft.

Wie klebt der Gecko ohne Klebstoff?

Senkrechte spiegelglatte Wände sind für Geckos kein Problem. Nicht mal kopfüber fallen die Kerlchen von der Decke. Haben sie Saugnäpfe an den Füßen? Oder einen besonderen Klebstoff? Forscher sind ihrem Geheimnis auf die Spur gekommen: An den Gecko-Füßen sind Millionen winziger Härchen. Jedes Härchen spaltet sich am Ende in noch weitere, noch dünnere Härchen und so weiter. Die letzten Haarspitzen haben einen Durchmesser von rund 200 Millionstel eines Millimeters: absolut unvorstellbar winzig! Diese Millionen von winzigsten Härchen liegen ganz dicht auf der Glasscheibe. Zwischen den Härchen und den kleinsten Teilchen der Glasscheibe kommt es zu einer ganz winzigen magnetischen Anziehungskraft. Die ist so schwach, dass sie eigentlich nicht zu messen ist. Weil sie aber viele Millionen Mal auftritt, macht das zusammen ganz viel aus: Die Fußhärchen eines Geckos könnten zusammen sogar 140 Kilogramm an der Wand halten, so stark hält das!

Wenn es Technikern gelänge, so etwas nachzubauen! Dann könnte man einen superstarken Klebefilm entwickeln. Und nicht nur das: Man könnte ihn immer wieder verwenden! Denn ohne Klebstoff bleibt an diesen Härchen kein Staubkorn hängen.

Geckos, kleine Echsen, können sogar kopfüber an Glasscheiben laufen!

Warum hat der Bagger Maulwurf-Pfoten?

Der Maulwurf lebt die meiste Zeit unter der Erde. Mit seinen Beinen und vor allem mit den Armen gräbt er sich durch das Erdreich. Dabei legt er immer eine Grabehand vor den Kopf und schiebt sie dann mit der Erde nach hinten. Er gräbt sich so überraschend schnell durch die Erde!

Was Tiere können, das kann die Technik auch? Ja, denn genau diesen Maulwurfshänden sind die Baggerschaufeln nachempfunden. Die großen Baumaschinen haben vorne an den Schaufeln Finger aus Eisen. Damit wühlen sie sich ins Erdreich.

Beim Graben dreht sich der Maulwurf wie ein Bohrer in das Erdreich. Seine Grabhand schaufelt die Erde ab und schiebt sie nach hinten.

Wie kommt die Klette an den Schuh?

Bändel, Knöpfe, Haken, Reißverschlüsse: Das waren lange Zeit die einzigen Möglichkeiten, um Kleidungsstücke zusammenzuhalten. Doch seit 1951 gibt es einen weiteren Verschluss, den Klettverschluss! Erfunden hat ihn der Schweizer Ingenieur Georges de Mestral. Er machte oft mit seinen Hunden lange Ausflüge in der Natur. Zu Hause musste er dann aus dem Fell der Hunde mühsam viele Kletten entfernen, die Früchte der Großen Klette.

Er wurde neugierig und untersuchte die Früchte unter dem Mikroskop. Dabei entdeckte er winzige Häkchen, die auch nach gewaltsamem Entfernen aus dem Hundefell nicht abbrachen. Georges de Mestral tüftelte in seinem Labor und brachte schließlich einen neuen Verschluss auf den Markt: Er macht es möglich, zwei Materialien so zu verbinden, dass sie sich immer wieder voneinander lösen ließen. Die künstliche Klette war erfunden: der Klettverschluss!

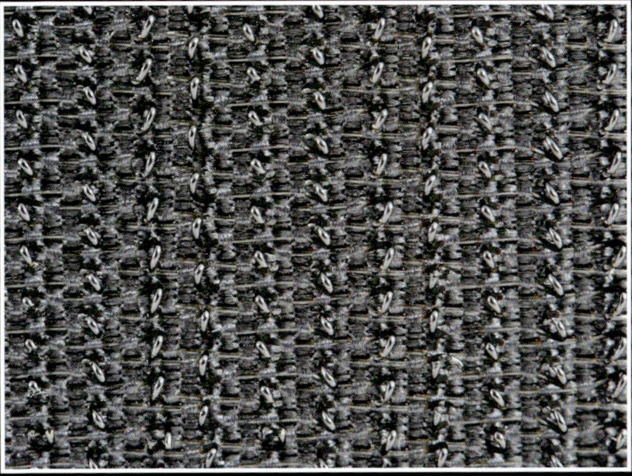

Bei Kinderschuhen ist der Klettverschluss nicht mehr wegzudenken.

Wie impft man Schiffe gegen Pocken?

Wusstest du, dass Schiffe Pocken bekommen können? Die Larven der Seepocken, einer Muschelart, kleben sich an den Schiffswänden und Motoren fest. Dort wachsen sie zu Muscheln heran und sind kaum noch abzulösen. Diese kleinen Muscheln sind für die Schifffahrt ein großes Problem. Denn ein Schiff, das mit Seepocken befallen ist, gleitet nicht mehr so gut durchs Wasser und wird langsamer. Frachtschiffe, die von Europa nach Amerika fahren, brauchen dann einen Tag länger für die Fahrt!

Das Problem wurde bisher mit einer giftigen Farbe gelöst. Dadurch setzten sich die Pocken nicht am Schiffsrumpf fest. Das Gift aus der Farbe gelang jedoch ins Meer. Die Farbe ist inzwischen verboten.

Eine Lösung haben Forscher bei Haien gefunden. Denn während es sich die Pocken auch auf der glatten Haut von Walen gemütlich machen, verschonen sie Haie. Haihaut ist rau wie Sandpapier: Sie besteht aus harten Ministacheln, die wie kleine Zähne übereinanderliegen.

Wissenschaftler haben eine Haut für den Schiffsrumpf entwickelt, die aus solchen künstlichen Zähnen besteht. Und tatsächlich, an diesem Schiffsrumpf bleiben keine Pocken mehr hängen!

Übrigens:

Es gibt auch Schwimmanzüge mit künstlichen Haischuppen. So werden die Schwimmer viel schneller!

Dicht an dicht haften Seepocken an den Schiffsrümpfen.

Die Haut des Hais besteht aus kleinen scharfen Schuppen.

Schwimmanzüge mit künstlichen Haischuppen machen Schwimmer schneller.

Wer bleibt immer sauber?

Fenster, die nie dreckig werden, oder Autos, die sich selbst reinigen: Davon träumen viele Menschen. Beides ist möglich. Die Natur macht es mit der asiatischen Lotos-Blüte vor. Wenn die Blattoberfläche dieser Pflanze schmutzig ist und Wasser über die Blüte läuft, ist sie danach wieder sauber. Wie funktioniert das? Der Botaniker Wilhelm Barthlott hat es herausgefunden – und für seine Forschung 1997 einen Preis bekommen. Die Blattoberfläche der Pflanze ist nicht spiegelglatt. Sie besteht aus Millionen mikroskopisch kleinen Hügelchen, die wie Noppen an Badeschuhen aussehen.

Weder Schmutz noch Wasser können sich fest daran heften. Wassertropfen, die darüberrinnen, behalten immer eine kugelrunde Form und reißen beim Abfließen einfach alle Dreckteilchen mit.
Inzwischen hat die Wissenschaft viele Oberflächen nach diesem Vorbild nachgebaut: Gefäße aus Keramik, an denen nichts mehr haften bleibt – Honig zum Beispiel fließt davon ab, ohne dass auch nur der winzigste Rest kleben bleibt! Oder Farbe für Hauswände, die Schmutz mit dem nächsten Regen einfach abperlen lässt. Jetzt müsste man nur noch Kleidung erfinden, die einfach von selbst wieder sauber wird, oder?

Die Blätter der Lotospflanze treiben auf dem Wasser. Weil sich kein Dreck festsetzen kann, finden auch krank machende Pilze keinen Halt auf dieser Pflanze.

Was ist stärker als Stahl?

Die stärksten Seile bestehen aus dickem Stahl, einer Art Eisen. Das ist wichtig, damit sie schwere Lasten aushalten können. Aber leider ist Stahl sehr steif.
Es gibt künstliche Materialien, die dehnbar sind, zum Beispiel Nylon. Doch bei zu viel Belastung reißt es.

Die Natur hat etwas entwickelt, das dehnbarer als Nylon ist und gleichzeitig stärker als Stahl: Spinnenseide! Seile aus Spinnenseide wären elastisch und könnten viel schwerere Lasten tragen als Stahlseile. Außerdem ist Spinnenseide wasserfest, unempfindlich gegen Kälte und am Ende voll biologisch abbaubar. Perfekt!

Seit Jahren bemühen sich daher Forscher, künstliche Spinnenseide herzustellen. Einen kleinen Fortschritt haben sie erzielt. Die künstliche Faser heißt Kevlar und wurde 1965 entwickelt. Aus dieser leichten Faser werden Sicherheitswesten gemacht, sie wird in Schutzhelme eingebaut und als Fangleinen bei Gleitschirmen eingesetzt. Leider ist Kevlar sehr teuer in der Herstellung. Und es reicht noch lange nicht an die Perfektion von Spinnenseide heran.
Doch irgendwann hoffen die Forscher, dass sie Spinnenseide wirklich kopieren können.

Die Fäden von Spinnennetzen sind hauchfein – und dennoch superstabil.

Warum stehen Fische nicht im Stau?

Manche Fischschwärme bestehen aus Tausenden von Einzeltieren. Wie ferngesteuert bewegen sich alle Tiere zusammen. Keiner schwimmt zu dicht auf, alle wechseln im gleichen Moment die Richtung, es gibt keinen Zusammenprall: Das Schwimmen erfolgt in einem perfekten Zusammenspiel. Wer lenkt diese Menge? Wer sagt den anderen Bescheid? Warum funktioniert das so gut?

Die Antwort auf diese Fragen suchen Computerspezialisten. Sie filmen Fischschwärme, berechnen ihre Bewegungen und schreiben lange Computerprogramme.

So wollen sie hinter das Geheimnis der Massenbewegung kommen.

Warum interessiert das die Wissenschaft? Die Ergebnisse sind für die Verkehrsforschung sehr wichtig. Sie fragen sich schon lange, wie sie Tausende von Autos über unsere Straßen lenken können, ohne dass es zu Auffahrunfällen oder Staus kommt. Sie wollen gerne Computerprogramme schreiben, die wie Fischschwärme funktionieren, und diese dann in die Autos einbauen. Aber das ist ganz ferne Zukunftsmusik. Denn bisher ist leider noch völlig unbekannt, wie die Fische das machen.

Junge Barrakudas jagen in riesigen Schwärmen.

Wie repariert die Natur einen Platten?

Was tun, wenn der Fahrradschlauch kaputt ist? Mühsam flicken. Wäre es nicht viel praktischer, wenn sich der Schlauch von alleine reparieren könnte? Klingt unmöglich, ist es aber nicht. Denn die Natur hat es schon vorgemacht, zum Beispiel bei der Pfeifenwinde.

Wenn diese Pflanze irgendwo einen Riss hat, quellen Bereiche aus der Nachbarschaft in den Riss hinein und dichten die Verletzung sofort ab. Jetzt kann die Pflanze die Wunde in aller Ruhe richtig heilen.

Forscher haben Membranen, künstliche Häute, entwickelt, die nach diesem Vorbild arbeiten. Auf der Membran ist eine Art fester Schaum angebracht. Wird die Membran verletzt, drückt sich der Schaum in das Loch und dichtet alles in Bruchteilen von Sekunden wieder ab. Nicht schlecht, oder?

Der Fahrradschlauch, der sich selbst flickt, kann kommen!

Die Pfeifenwinde, eine Liane, ist in Nordamerika heimisch.

Was haben Tukanschnäbel und Autos gemeinsam?

Wer einen Tukan sieht, wundert sich, dass dieser Vogel nicht nach vorne kippt: Sein Schnabel ist riesig! Wie kann der Tukan damit fliegen? Der Schnabel sieht so schwer aus, dass er den Vogel nach unten ziehen müsste! Tut er aber nicht: Er ist ganz leicht. Und dennoch ist der Schnabel so stark, dass der Tukan damit Nüsse knacken kann!

Als Forscher den Tukanschnabel genauer untersuchten, entdeckten sie sein Geheimnis. Der Schnabe besteht aus zwei verschiedenen Schichten: Innen sieht er aus wie fester Schaum. Nur dünne Stäbe halten ihn stabil. Viele Stellen sind sogar völlig hohl! Die bunte Oberfläche dagegen ist gebaut wie unsere Fingernägel. Winzige Keratin-Plättchen überlagern sich wie Dachziegel. Das macht die Außenhaut besonders bruchfest. Daher ist der Schnabel leicht und gleichzeitig hart.
Wissenschaftler übertragen die Schnabel-Idee nun auf Autos. Sie bauen den Wagen so auf, dass er bei einem Aufprall nicht sofort verformt wird. Und dennoch braucht ein solches Auto wenig Benzin, weil es wenig wiegt!

Die Karosserie ist das Skelett eines Autos.

Tukane leben in den tropischen Regionen von Mittelamerika und Südamerika. Sie haben einen riesigen, prächtig gefärbten Schnabel.

Wie wird die Palme zum Fächer?

Du hast bestimmt schon mal ein Blatt Papier zu einem Fächer zusammengefaltet. Dieser Fächer ist stabil. Damit kannst du dir gut Luft zufächeln. Und wenn es nicht mehr heiß ist, faltest du den Fächer wieder klein zusammen.
Eine geniale Idee, oder?
Das kann die Natur auch.
Schau dir mal einen Palmwedel an, die Blätter der Fächerpalme. Sie sind auch so aufgebaut.

Ein großer Palmwedel besteht aus lauter kleinen Streifen, die zusammen einen stabilen Fächer ergeben. Wenn es zu trocken wird, faltet sich der Palmwedel ganz eng zusammen. So verhindert die Palme, dass zu viel Wasser über das große Blatt an die Luft abgegeben wird.

Palmen wachsen vor allem in den Tropen. Manche Palmwedel können über vier Meter groß werden!

Was macht die Eierschale bei den Erdbeeren?

Die Natur musste Verpackungen für Samen und Früchte von Pflanzen entwickeln. Bananenschalen zum Beispiel: Die schützen die weiche Frucht innen und lassen sich dennoch ganz einfach öffnen.
Eine geniale Verpackung ist auch das Vogelei. Die zarte Schale ist so stabil, dass die brütende Henne darauf sitzen kann, ohne dass das Ei zerbricht. Dennoch ist das Küken in der Lage, die Schale von innen aufzupicken, wenn es schlüpfen möchte. Nicht nur die Eiform ist genial, auch die Schale selbst! Immerhin verbraucht das Küken im Laufe der Zeit bis zu sechs Liter Sauerstoff. Die können durch die Schale ins Ei gelangen. Und die ausgeatmete Luft muss wieder hinaus. Bei diesem Austausch dürfen auf keinen Fall Krankheitskeime ins Innere gelangen!

Schauen wir uns Lebensmittelverpackungen an, erkennen wir das Problem. Obst wird für den Transport in Folie gepackt. Das schützt zwar vor Stößen, aber es dringt keine Luft nach außen. Das Obst fault schneller. Inzwischen wurde eine Folie nach dem Eier-Vorbild entwickelt, die das Problem verkleinert. Das Obst kann durch die neue Folie „atmen". Aber die Folie lässt sich nicht noch einmal verwenden. Und so stoßfest wie eine Eierschale ist sie auch nicht. Da ist uns die Natur noch weit voraus.

Das Ei ist eine der genialsten Verpackungen in der Natur!

Was Kinder wissen wollen

In der Reihe „Was Kinder wissen wollen" sind bereits folgende Titel erschienen:

Was wäscht der Waschbär?
Verblüffende Antworten aus der Tierwelt

ISBN 978-3-86613-072-2

Woher kommen Blitz und Donner?
Verblüffende Antworten über Himmel und Erde

ISBN 978-3-86613-073-9

Warum haben wir zehn Zehen?
Verblüffende Antworten über den Körper

ISBN 978-3-86613-200-9

Wie kommen die Streifen in die Zahnpasta?
Verblüffende Antworten aus dem Alltag

ISBN 978-3-86613-201-6

Hatten Dinos Karies?
Verblüffende Antworten über die Saurier

ISBN 978-3-86613-239-9

Woher weiß der Toast, wann er fertig ist?
Verblüffende Antworten aus dem Alltag

ISBN 978-3-86613-240-5

Wie viele Höcker hat ein Kamel?
Verblüffende Antworten aus der Tierwelt

ISBN 978-3-86613-256-6

Wie spült die Klospülung?
Verblüffende Antworten über Technik

ISBN 978-3-86613-257-3

Können Schmetterlinge hören?
Verblüffende Antworten über kleine Tiere

ISBN 978-3-86613-227-6

Was spuckt ein Vulkan?
Verblüffende Antworten über Naturgewalten

ISBN 978-3-86613-228-3

Wo ist im Weltalll oben und unten?
Verblüffende Antworten über den Kosmos

ISBN 978-3-86613-237-5

Welche Pflanzen haben Zähne?
Verblüffende Antworten über Pflanzen

ISBN 978-3-86613-610-6

Wie kommt der Ritter in die Rüstung?
Verblüffende Antworten über das Mittelalter

ISBN 978-3-86613-270-2

Wie macht die Kuh die Milch?
Verblüffende Antworten über den Bauernhof

ISBN 978-3-86613-269-6

Können Fische rülpsen?
Verblüffende Antworten über das Meer

ISBN 978-3-86613-282-5

Warum hat ein Bagger Zähne?
Verblüffende Antworten über Baustellen

ISBN 978-3-86613-283-2

Warum stinkt der Käse?
Verblüffende Antworten über Essen und Trinken

ISBN 978-3-86613-293-1

Warum tragen Indianer Federn?
Verblüffende Antworten über Indianer

ISBN 978-3-86613-294-8

Wann darf der Lokführer aufs Klo?
Verblüffende Antworten über die Bahn

ISBN 978-3-86613-524-6

Wo beginnt der Regenbogen?
Verblüffende Antworten über Himmel und Erde

ISBN 978-3-86613-507-9

Wie schnell ist die Feuerwehr?
Verblüffende Antworten über die Feuerwehr

ISBN 978-3-86613-523-9

Frieren Pinguine an den Füßen?
Verblüffende Antworten über Eis und Schnee

ISBN 978-3-86613-525-3

Wie kommt der Fisch in die Stäbchen?
Verblüffende Antworten aus dem Alltag

ISBN 978-3-86613-533-8